Gösta Clemens Peter

Mitten in Münster

von Elisabeth und Wilhelm
Cousinen + Cousintreffen
09.10.2010

mmm
münstermitte
medienverlag

Bibliografische Information der Deutschen Nationalbibliothek:
Die Deutsche Nationalbibliothek verzeichnet diese Publikation in der Deutschen Nationalbibliothek; detaillierte bibliografische Daten sind im Internet unter http://dnb.d-nb.de abrufbar.

Alle Texte sind der neueren deutschen Rechtschreibung angepasst.

Geisbergweg 8, 48143 Münster – Tel.: 0251-4828887
info@muenstermitte-medienverlag.de

Printed in Germany
ISBN: 978-3-9813605-1-6

Mitten in Münster

… sind diese Fotos entstanden. Und es ist die besondere Farbigkeit, die mich neben der architektonischen Schönheit der Stadt fasziniert hat. Für mich leben Fotos von Licht und Farbe.

Was ich hier zusammengetragen habe, ist keine informative Stadtbeschreibung, bei der Auswahl der Bilder standen allein die Schönheit der Gebäude und Plätze und das Spiel von Licht und Farbe im Vordergrund.

Rathaus, Dom, der Prinzipalmarkt – auch Münsters gute Stube genannt – mit seinen wunderschönen Giebelhäusern, die Promenade, der Aasee und natürlich das Schloss, aber auch behutsam dazwischen gestellte moderne Gebäude, wie z.B. die Stadtbibliothek, sie alle findet man mitten in Münster. Und welche andere Innenstadt einer deutschen Stadt wurde so reichlich mit derartigen Juwelen bedacht?

Ich gerate ins Schwärmen, und Sie können unschwer merken, dass ich ein begeisterter Münsteraner bin. Aber nicht nur mich hat Münster fasziniert, berühmte Zeitgenossen und viele Besucher der Stadt in unterschiedlichen Epochen stimmen mit mir hierin überein. Das bezeugen die ausgewählten Worte und Gedanken dieser Gäste und Bewohner Münsters, die ich zusammen mit eigenen Anmerkungen zu den Fotos gestellt habe. Mal ergänzen sich die Worte und Fotos, mal stehen sie auch im Kontrast, aber sie sind nicht als Kommentar oder Illustration gedacht, sondern stehen für sich – Fundstücke z.B. aus Interviews, Reisebeschreibungen, einem Lied und sogar einer „Epischen Dichtung in zehn Gesängen", eingefügt zwischen Bildern der Stadt, die wir alle kennen und lieben gelernt haben.

Ich würde mir wünschen, dass es Ihnen ähnlich geht.

März 2010 *Gösta Clemens Peter*

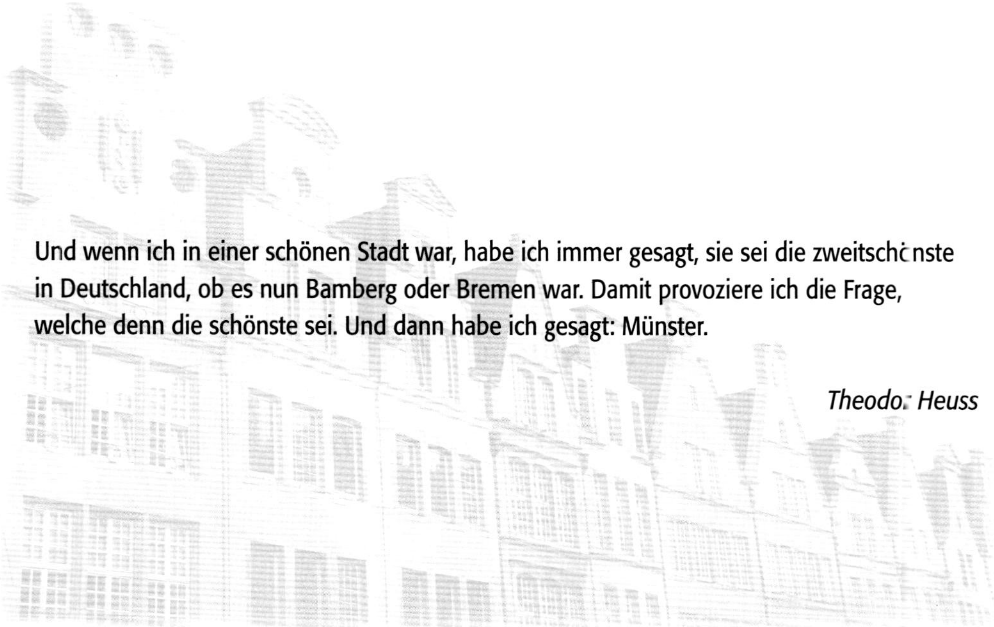

Und wenn ich in einer schönen Stadt war, habe ich immer gesagt, sie sei die zweitschönste in Deutschland, ob es nun Bamberg oder Bremen war. Damit provoziere ich die Frage, welche denn die schönste sei. Und dann habe ich gesagt: Münster.

Theodor Heuss

ARKADE
HAUS MONHOF
schnitzler
Zumnorde
SIGNORA

Wer versucht, sich ins Bild zu setzen, den Augenschein zu prüfen, dem wird schnell offenkundig, dass der Heuss so unrecht nicht hatte mit seiner Behauptung von der schönsten Stadt. Ein bundesrepublikanisches Stadtkästlein ist Münster, mit Dom und Schloss und Adelshöfen, mit den Kirchen Lamberti, Ludgeri, Servatii, Ägidii, dem Prinzipalmarkt, dem Rathaus und dem Friedenssaal. Es ist noch mehr: eine Stadtgestalt, die sich ihre jahrhundertealten Grundrisse bewahrt hat und damit die Würde einer vom Landadel und Bürgertum geprägten Urbanität.

Vilma Sturm

Appelrath-Cüpper
GROSSE

Harenberg
Harenberg

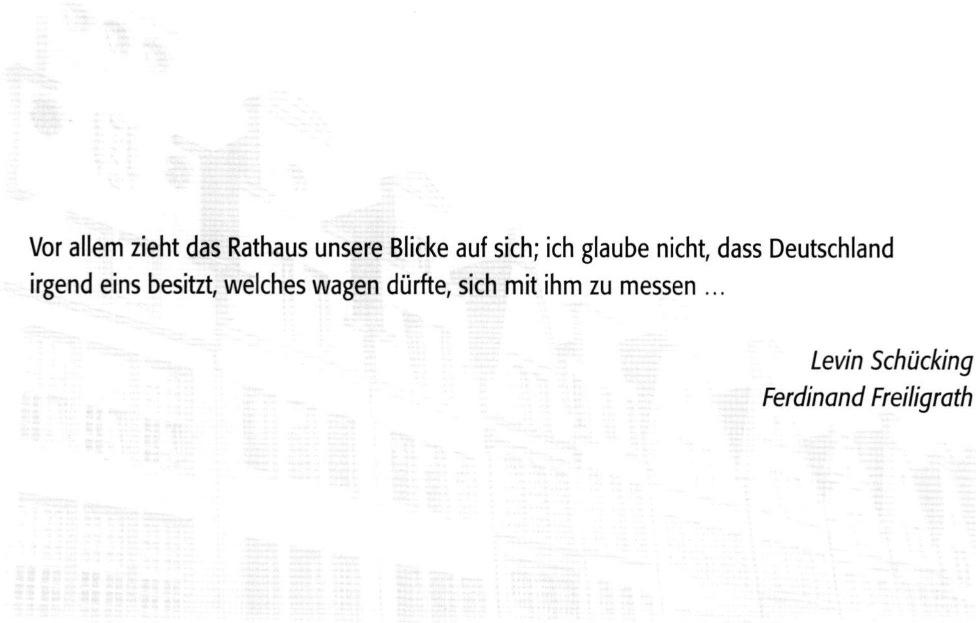

Vor allem zieht das Rathaus unsere Blicke auf sich; ich glaube nicht, dass Deutschland irgend eins besitzt, welches wagen dürfte, sich mit ihm zu messen …

Levin Schücking
Ferdinand Freiligrath

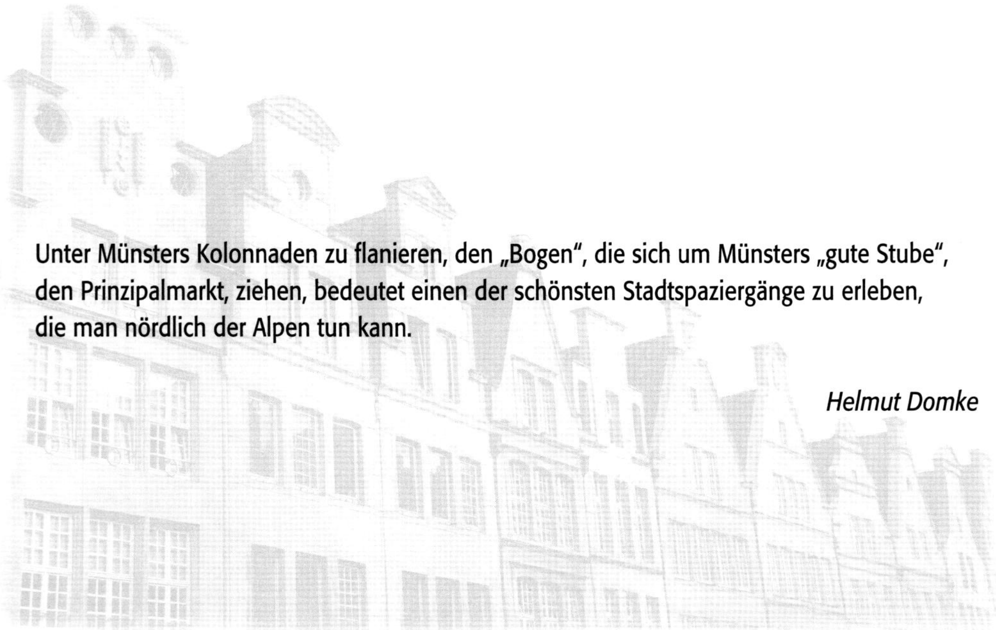

Unter Münsters Kolonnaden zu flanieren, den „Bogen“, die sich um Münsters „gute Stube“, den Prinzipalmarkt, ziehen, bedeutet einen der schönsten Stadtspaziergänge zu erleben, die man nördlich der Alpen tun kann.

Helmut Domke

Cafe Kleimann
Prinzipalmarkt
Drubbel

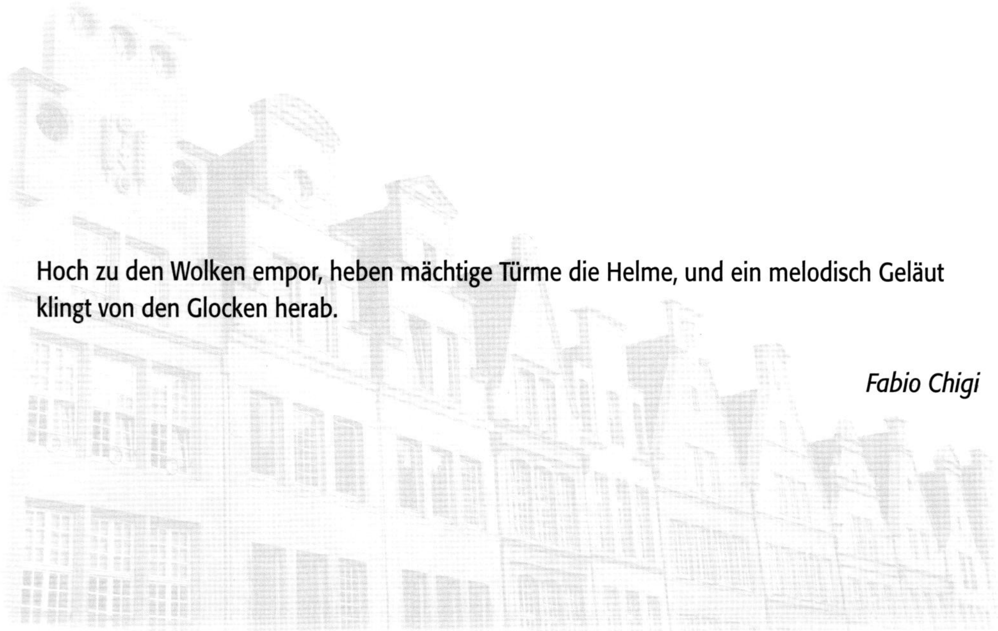

Hoch zu den Wolken empor, heben mächtige Türme die Helme, und ein melodisch Geläut klingt von den Glocken herab.

Fabio Chigi

Die herrlichen Giebelhäuser am Prinzipalmarkt tragen das Gepräge gesicherten Wohlstands und begründeten Selbstbewusstseins.

Ricarda Huch

Harenberg
Harenberg
schnitzler

Ich bin begeisterter Münsteraner!

Gösta Clemens Peter

Horenberg
schnitzler
LUNA
vodafone
HAUS MONHOF

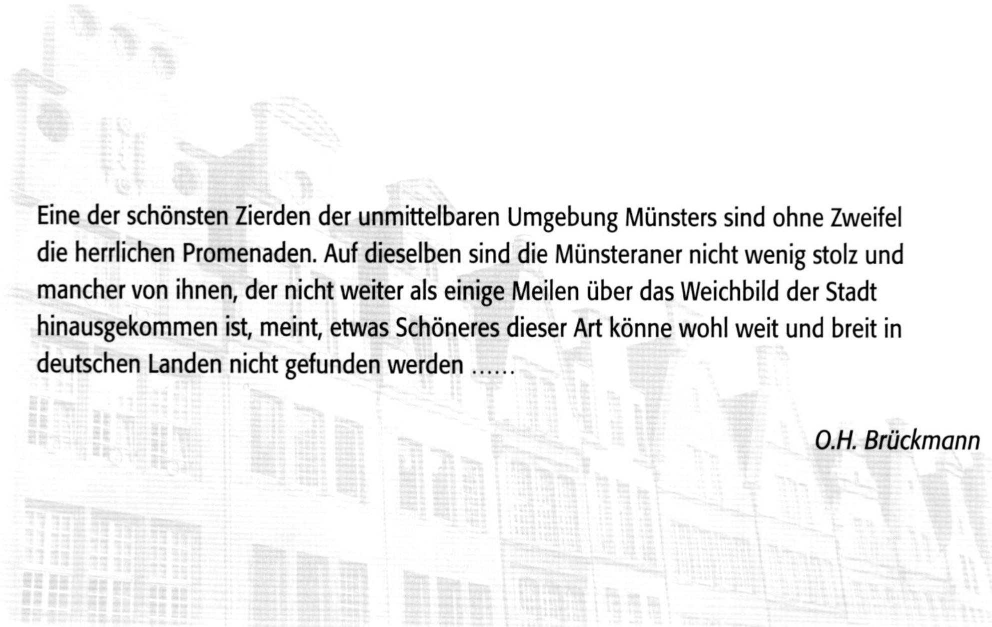

Eine der schönsten Zierden der unmittelbaren Umgebung Münsters sind ohne Zweifel die herrlichen Promenaden. Auf dieselben sind die Münsteraner nicht wenig stolz und mancher von ihnen, der nicht weiter als einige Meilen über das Weichbild der Stadt hinausgekommen ist, meint, etwas Schöneres dieser Art könne wohl weit und breit in deutschen Landen nicht gefunden werden ......

O.H. Brückmann

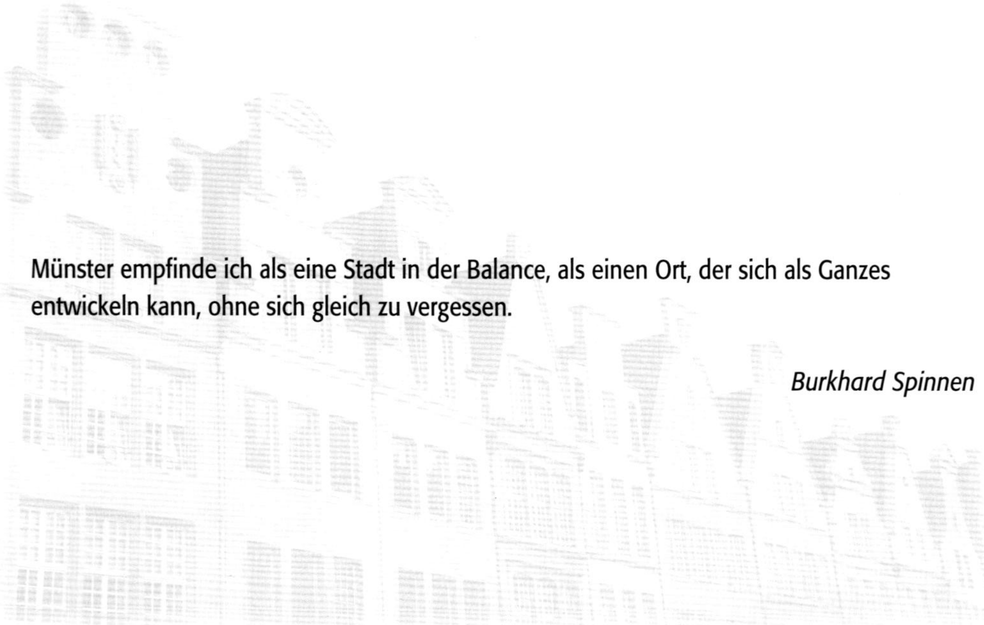

Münster empfinde ich als eine Stadt in der Balance, als einen Ort, der sich als Ganzes entwickeln kann, ohne sich gleich zu vergessen.

Burkhard Spinnen

Ich könnte reden stundenlang
und tagelang und länger
Und jahrelang voll Inbrunst sein
Der Heimat Tugend Sänger.

Götz Alsmann

buschmann

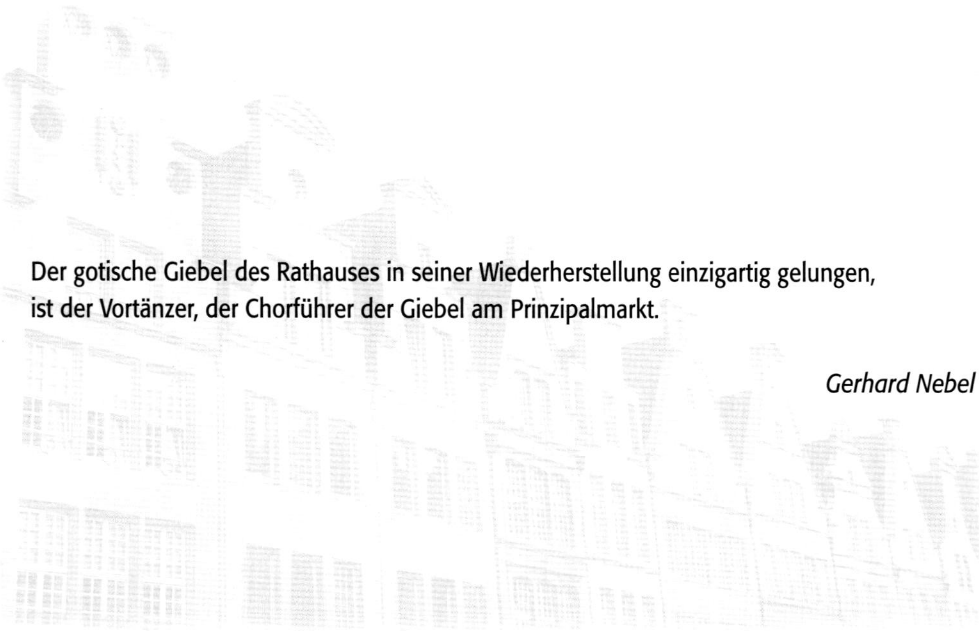

Der gotische Giebel des Rathauses in seiner Wiederherstellung einzigartig gelungen,
ist der Vortänzer, der Chorführer der Giebel am Prinzipalmarkt.

Gerhard Nebel

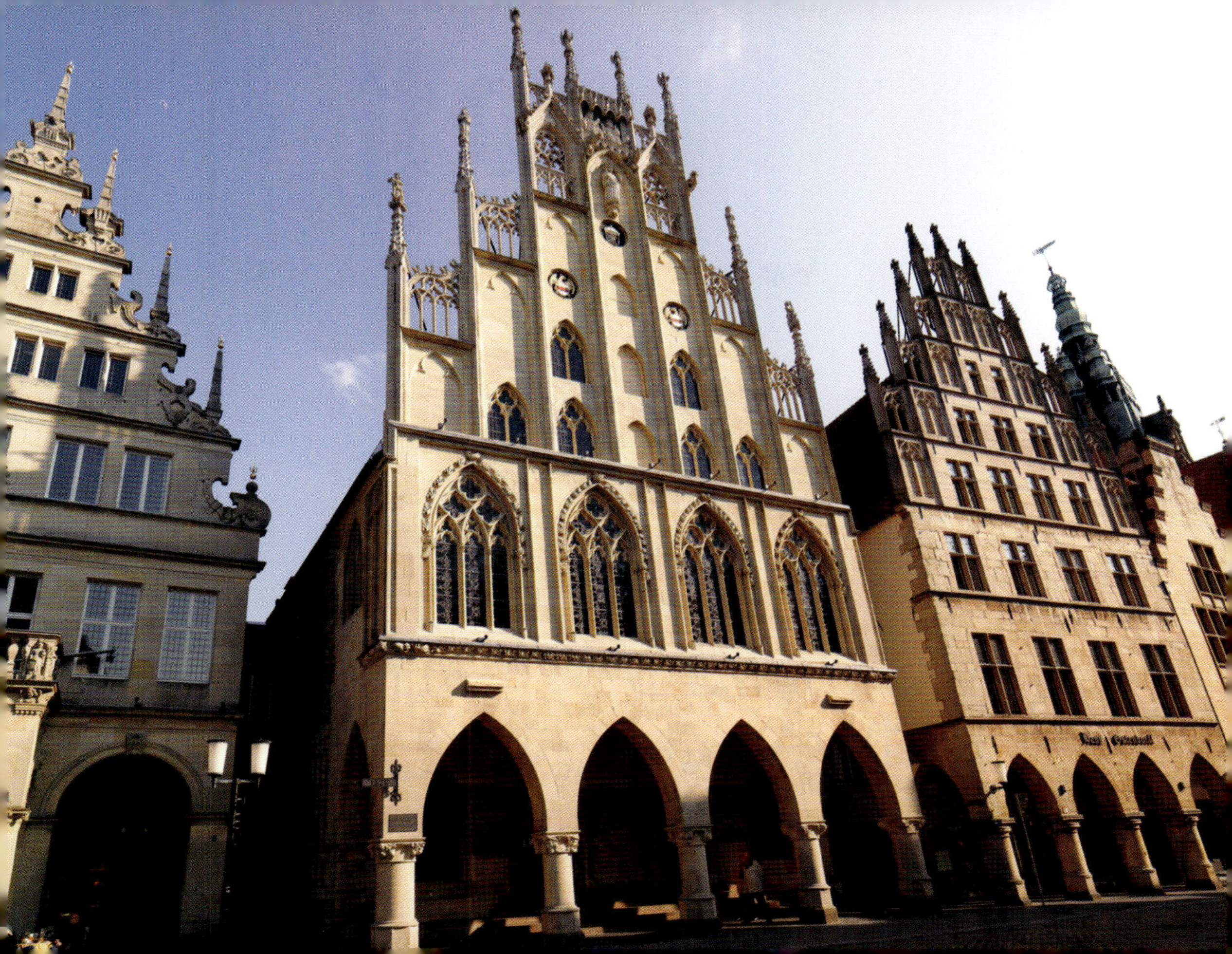

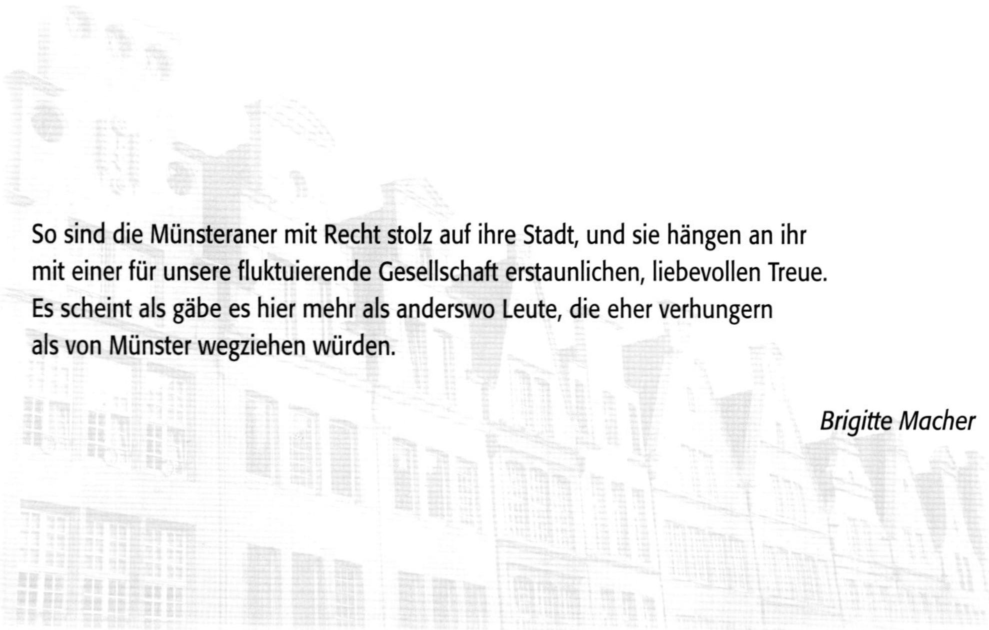

So sind die Münsteraner mit Recht stolz auf ihre Stadt, und sie hängen an ihr mit einer für unsere fluktuierende Gesellschaft erstaunlichen, liebevollen Treue. Es scheint als gäbe es hier mehr als anderswo Leute, die eher verhungern als von Münster wegziehen würden.

Brigitte Macher

Auch wenn der schwarze Schwan Petra Münster verlassen hat, der Zauber des Aasees ist geblieben. Wo sonst fällt der Himmel mitten in einer Stadt mit solcher Brillanz ins Wasser?

Gösta Peter

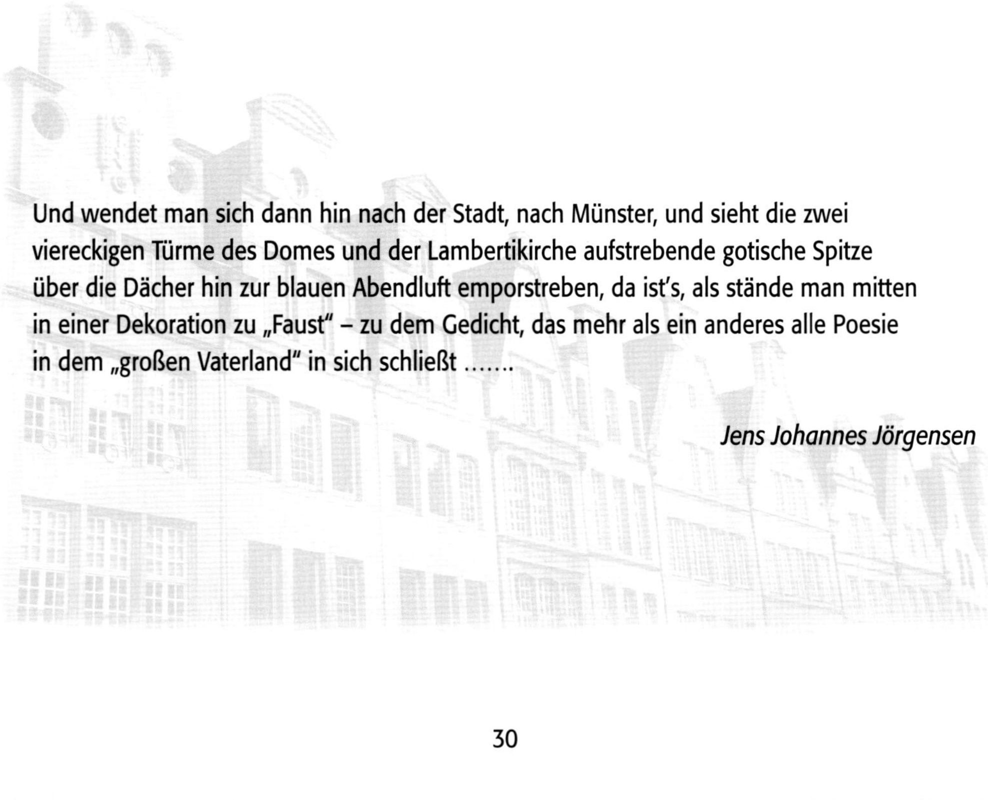

Und wendet man sich dann hin nach der Stadt, nach Münster, und sieht die zwei viereckigen Türme des Domes und der Lambertikirche aufstrebende gotische Spitze über die Dächer hin zur blauen Abendluft emporstreben, da ist's, als stände man mitten in einer Dekoration zu „Faust" – zu dem Gedicht, das mehr als ein anderes alle Poesie in dem „großen Vaterland" in sich schließt ....

Jens Johannes Jörgensen

Wie prangt die Stadt im Festgewand,
Wie strahlt ihr ernstes Antlitz heute,
Wie sendet ladend sie ins Land,
Der Glocken feierlich Geläute:
Wie grüßt in bunter Fahnen Glanz
Sie rings auf Wegen und auf Stegen,
Wie winkt sie mit dem Blumenkranz
Dem frohen Gaste froh entgegen! …

Julius Schwering

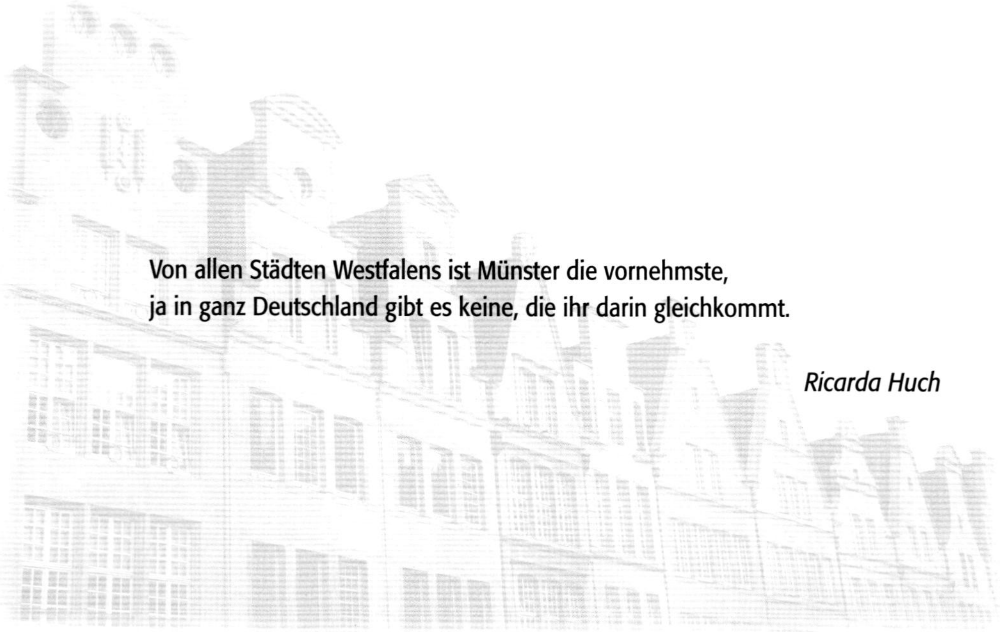

Von allen Städten Westfalens ist Münster die vornehmste,
ja in ganz Deutschland gibt es keine, die ihr darin gleichkommt.

Ricarda Huch

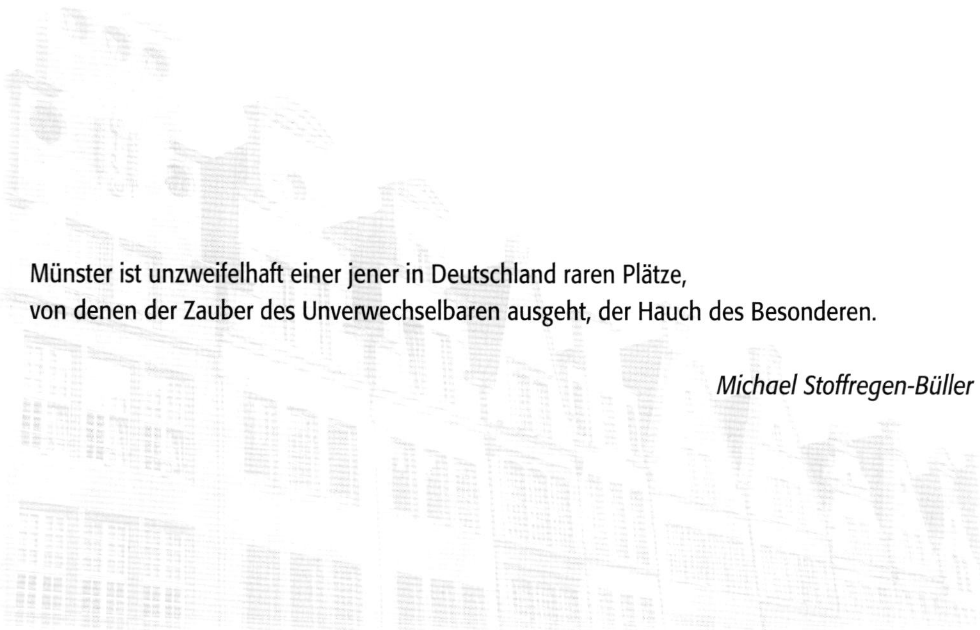

Münster ist unzweifelhaft einer jener in Deutschland raren Plätze,
von denen der Zauber des Unverwechselbaren ausgeht, der Hauch des Besonderen.

Michael Stoffregen-Büller

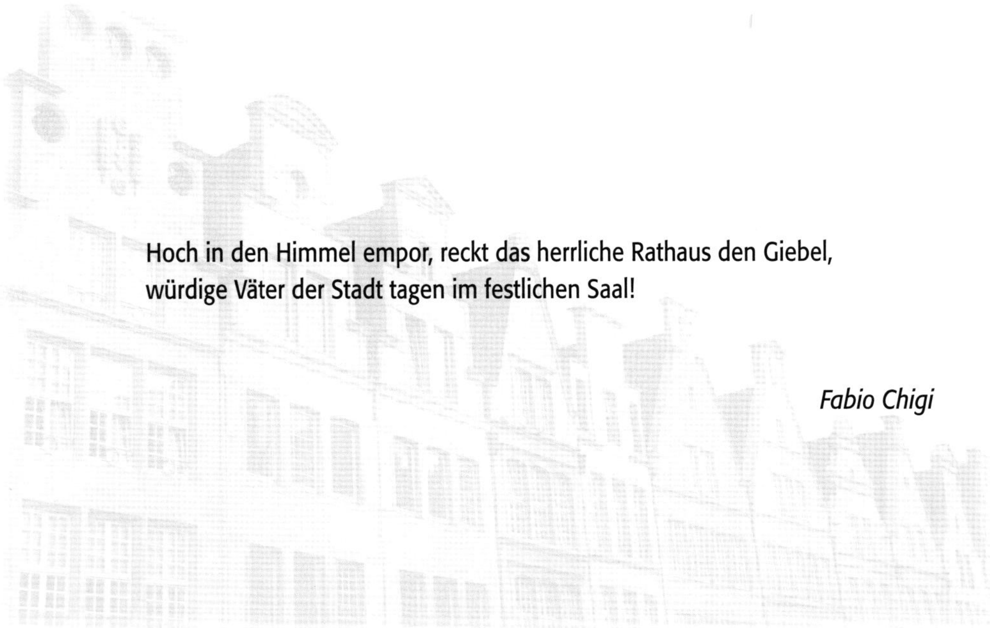

Hoch in den Himmel empor, reckt das herrliche Rathaus den Giebel,
würdige Väter der Stadt tagen im festlichen Saal!

Fabio Chigi

Liebe Stadt im Lindenkranze, roter Erde schönste Zier,
pflanz auf Deiner höchsten Schanze auf das stolze Stadtpanier;
blüht, Ihr Linden, glänzt, Ihr Türme, hoffnungsheischend himmelwärts;
jung blieb Münster trotz der Stürme, noch Dein Wiedertäuferherz.

Alter Giebel Zickzackreihe, frischer Jugend Übermut,
dazu Sonntagssonnenweihe; ach, wie reimt sich das so gut!
Blonde Zöpfe, bunte Mützen, kecke Worte, leiser Schrei.
Und die alten Giebel blitzen, waren schon so oft dabei.

Wenn Lambertis weiße Streben glitzern in des Mondes Strahl,
geistert ein gespenstisch' Leben durch den alten Friedenssaal.
In den Streit der Kontrahenten schlägt ein donnernd Eins die Uhr;
draußen singen die Studenten: „Gaudeamus igitur".

Strophen 1-3 des Münsterliedes

SØR
BANG & OLUFSEN

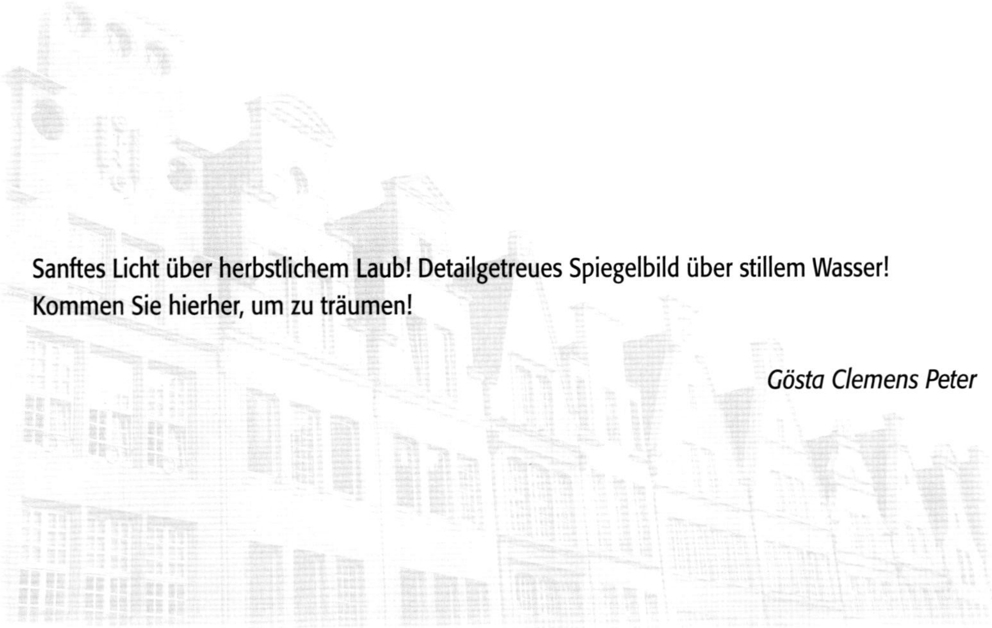

Sanftes Licht über herbstlichem Laub! Detailgetreues Spiegelbild über stillem Wasser!
Kommen Sie hierher, um zu träumen!

Gösta Clemens Peter

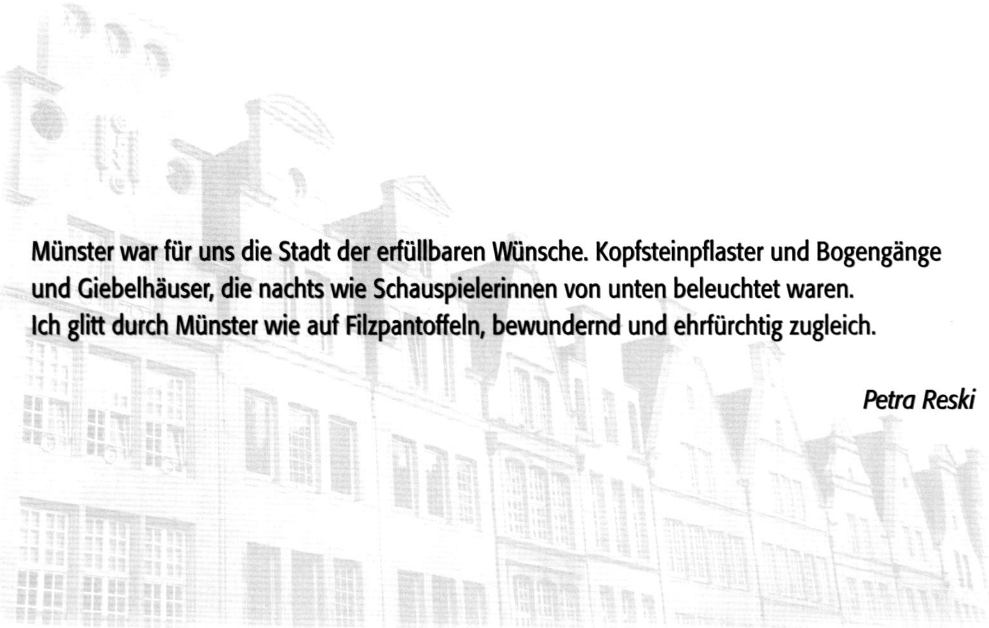

Münster war für uns die Stadt der erfüllbaren Wünsche. Kopfsteinpflaster und Bogengänge und Giebelhäuser, die nachts wie Schauspielerinnen von unten beleuchtet waren. Ich glitt durch Münster wie auf Filzpantoffeln, bewundernd und ehrfürchtig zugleich.

Petra Reski

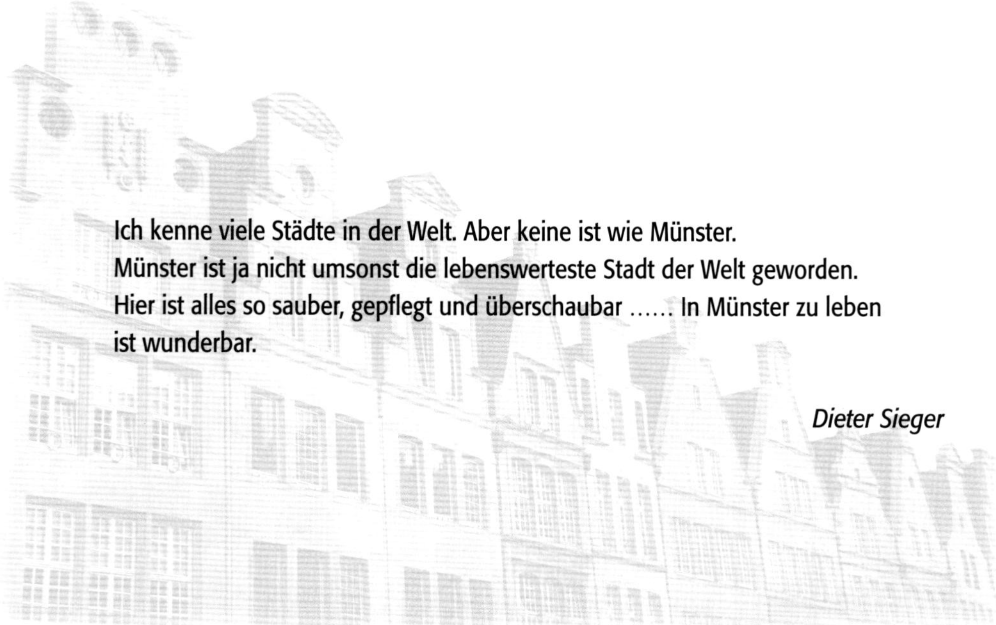

Ich kenne viele Städte in der Welt. Aber keine ist wie Münster.
Münster ist ja nicht umsonst die lebenswerteste Stadt der Welt geworden.
Hier ist alles so sauber, gepflegt und überschaubar …… In Münster zu leben ist wunderbar.

Dieter Sieger

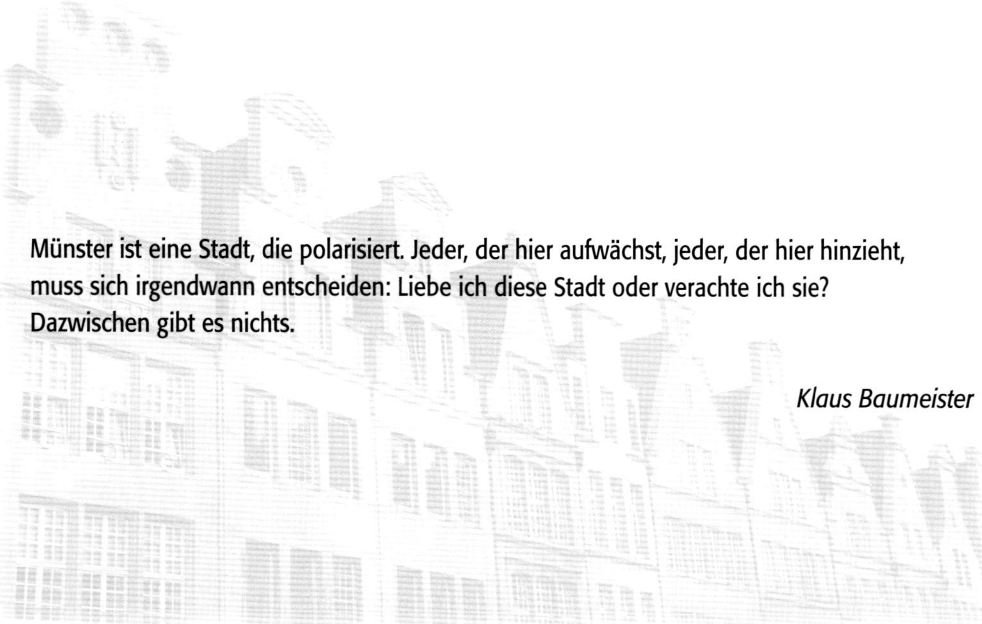

Münster ist eine Stadt, die polarisiert. Jeder, der hier aufwächst, jeder, der hier hinzieht, muss sich irgendwann entscheiden: Liebe ich diese Stadt oder verachte ich sie? Dazwischen gibt es nichts.

Klaus Baumeister

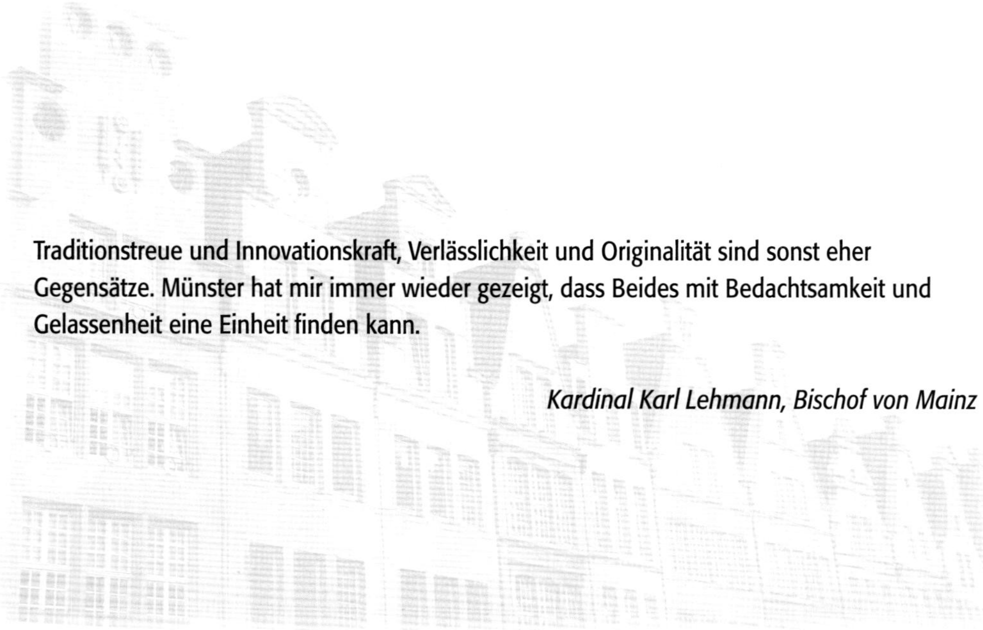

Traditionstreue und Innovationskraft, Verlässlichkeit und Originalität sind sonst eher Gegensätze. Münster hat mir immer wieder gezeigt, dass Beides mit Bedachtsamkeit und Gelassenheit eine Einheit finden kann.

Kardinal Karl Lehmann, Bischof von Mainz

Von meiner Reise bin ich recht befriedigt zurückgekehrt. Sie war anstrengend, bot aber viel Anregendes und Lehrreiches. .... Namentlich aber Münster in Westfalen, eine ganz überraschende Stadt, tief katholisch bei ausgesprochen nord- und niederdeutscher Bevölkerung und voller altertümlicher Schönheiten.

Thomas Mann

AR·EL·C·E·P·M
PRINC·OPT· P·P·ORD·D·MON·
MDCCLXVII

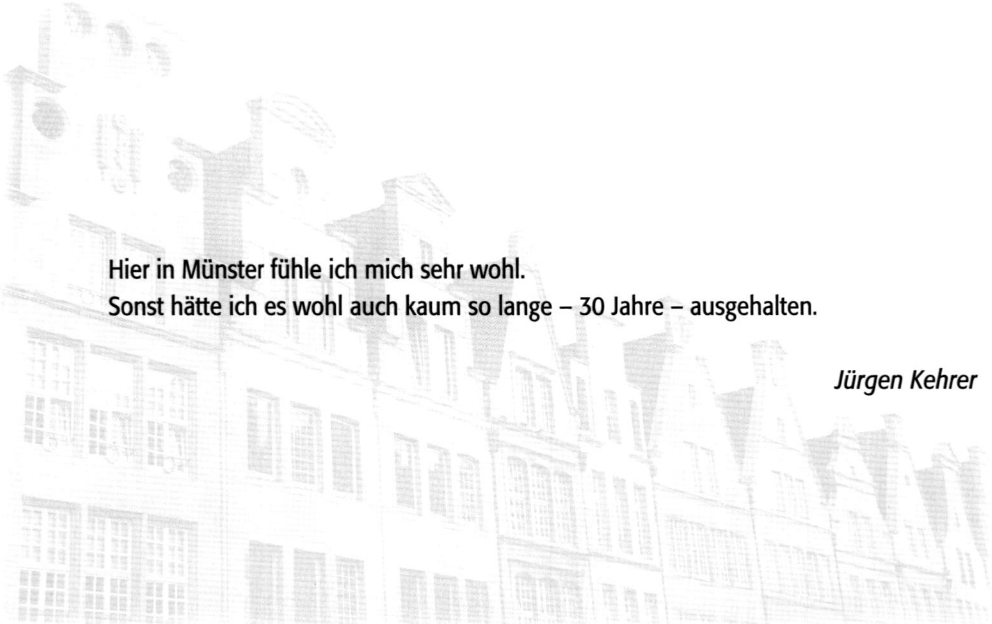

Hier in Münster fühle ich mich sehr wohl.
Sonst hätte ich es wohl auch kaum so lange – 30 Jahre – ausgehalten.

Jürgen Kehrer

Ich glaube, dass man in keiner Stadt seine Jugend schöner verbringen kann als in Münster. Ich glaube überhaupt nicht, dass irgendeine Stadt schöner ist als Münster, und wenn ich jetzt dahin komme, ist es für mich ein unerhörter Genuss, auf den Promenaden spazieren zu gehen, durch die alten Straßen zu laufen, in die Kirchen zu gehen und in das schöne Museum mit seinen herrlichen Skulpturen und Soester Bildern ....

Alfred Flechtheim

In Münster ist der historische Wachstumsprozess topografisch ablesbar wie das Wachstum eines Baumes an seinen Jahresringen. Um den Kern des Domplatzes als Ort der karolingischen Gründung schließt sich die Stadt des Mittelalters, begrenzt durch den Ring der Promenaden. Der fürstliche Absolutismus schuf die Ausweitung nach Westen, die sich im Neuplatz und Schlossgarten erhalten hat. Es folgen die kräftigen Wachstumsringe des dynamischen 19. und 20. Jahrhunderts bis hin zur Stadterweiterung von 1975.

Hans Galen

30 Jahre
Stadtmuseum
Münster
SAMMLUNG STADTGESCHICHTE
STADTMUSEUM

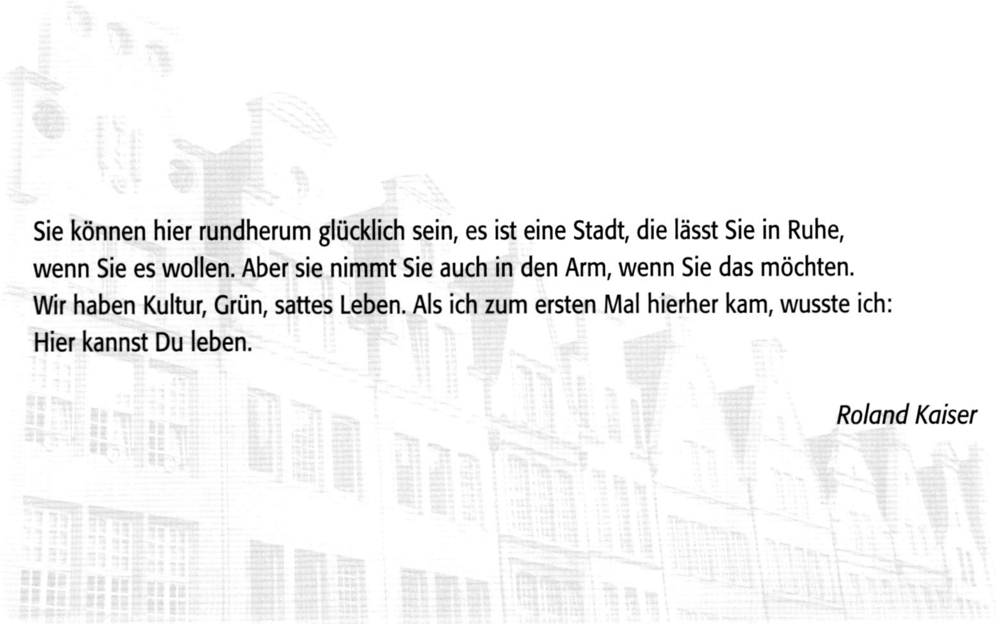

Sie können hier rundherum glücklich sein, es ist eine Stadt, die lässt Sie in Ruhe, wenn Sie es wollen. Aber sie nimmt Sie auch in den Arm, wenn Sie das möchten. Wir haben Kultur, Grün, sattes Leben. Als ich zum ersten Mal hierher kam, wusste ich: Hier kannst Du leben.

Roland Kaiser

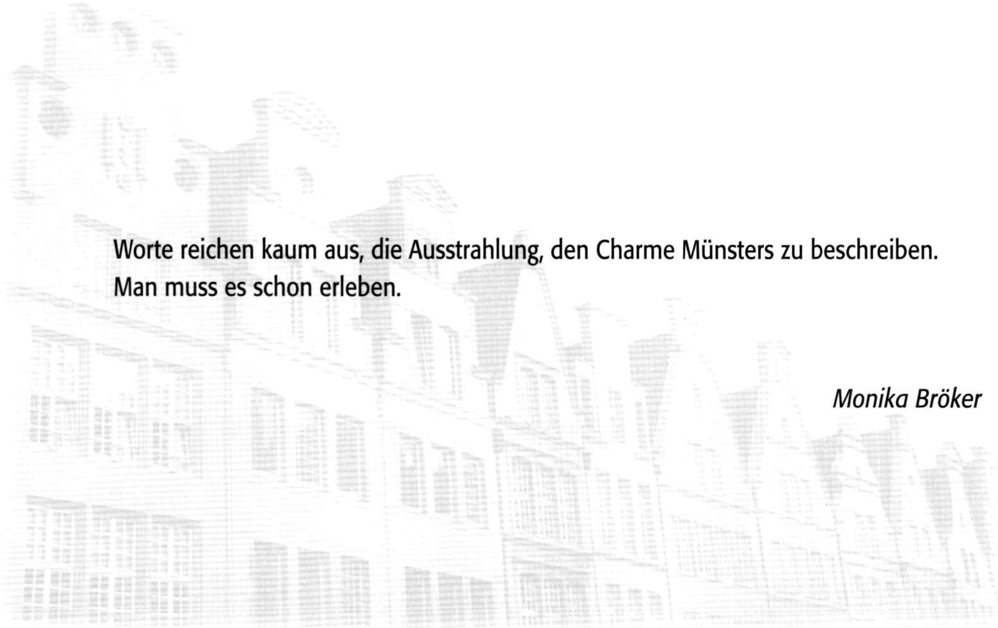

Worte reichen kaum aus, die Ausstrahlung, den Charme Münsters zu beschreiben.
Man muss es schon erleben.

Monika Bröker

Mit Annette von Droste-Hülshoff, Junkmann und Levin Schücking erscheinen die Münsteraner auf den Plan als Verteidiger der Vaterstadt. Dichter aus der Fremde, die „Münsters Wunderwerke gesehen und erlebt" haben, empfängliche Seelen, denen „Münster seinen Zauber enthüllt" hat, treten an ihre Seite; und was nun von der Stadt gesungen und gesagt wird, ist eine nur selten unterbrochene Lobeshymne.

Bruno Haas-Tenckhoff

RESTAURANT

… Münster ist eine schöne Stadt und eine, die auch ihre Geschichte, ihren Zauber und ihre Schönheit nicht versteckt, nicht einmal die Grausamkeit ihrer Geschichte.
Am Turm der Lambertikirche hängen noch heute die eisernen Käfige, in denen die Leichen der hingerichteten Wiedertäufer 1536 zur Schau gestellt wurden. Der im Zweiten Weltkrieg zerstörte „Friedenssal", wo 1648 mit dem Westfälischen Frieden der Dreißigjährige Krieg beendet wurde, ist längst wieder aufgebaut …. Und auch der Dom, der völlig ausgebrannt war, ist wieder aufgebaut, dieser eindrucksvolle Kirchenbau, vor und in dem man nur staunend stehen kann, dann natürlich der Prinzipalmarkt, Münsters beste Stube.

Max von der Grün

Zu Anfang September war ich etwa acht Tage lang in dem alten westfälischen Münster, wo den ganzen Tag über geläutet wird, um die Leute, die daselbst echt schwarz katholisch sind, rechtzeitig zur Messe zu rufen. Das war anders, freilich nicht lange, als dort die Herren Wiedertäufer ihren fromm-fröhlichen Unfug trieben, bis die Rädelsführer mit glühenden Zangen gezwickt, geköpft und in eisernen Käfigen aufgehängt wurden hoch am Lambertiturm, weithin sichtbar zum ewig schreckhaften Zeichen für leichtfertige Ketzer.

Wilhelm Busch

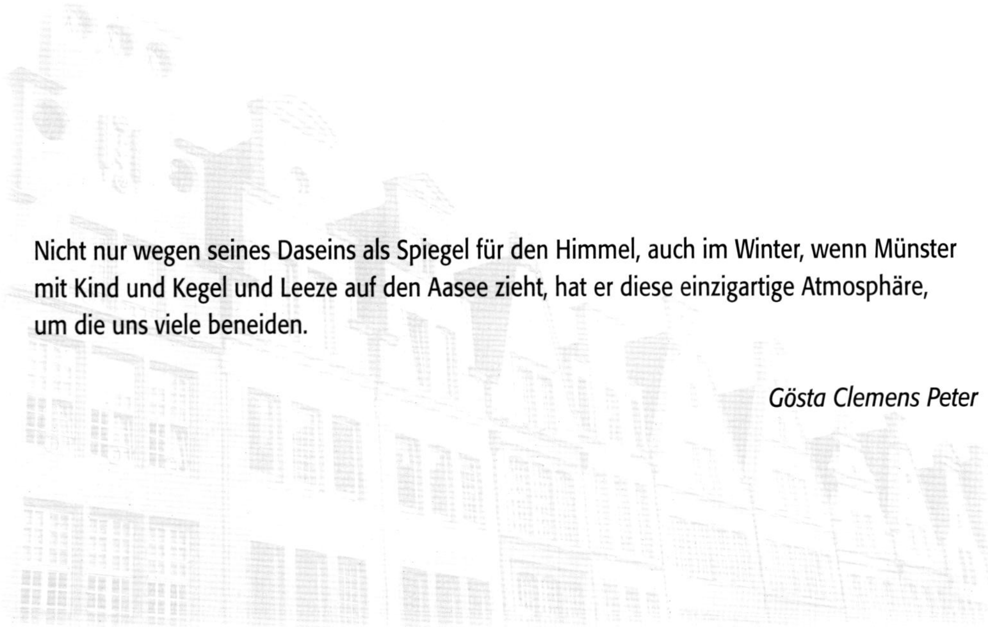

Nicht nur wegen seines Daseins als Spiegel für den Himmel, auch im Winter, wenn Münster mit Kind und Kegel und Leeze auf den Aasee zieht, hat er diese einzigartige Atmosphäre, um die uns viele beneiden.

Gösta Clemens Peter

Die architektonische Wohlgestalt Münsters erweist sich aber auch für kunsthistorisch Verwöhnte, für Liebhaber und Kenner alter Städte als Überraschung und Bereicherung. Und wer, von Kunst und sonstiger Geschichte unbeeindruckt, Münster erlebt, der genießt die stilvolle Kulisse, die vielfältigen, teils exklusiven Einkaufsmöglichkeiten, die Kneipen im Kuhviertel, traditionsreiche Gasthäuser – es gibt unzählige - und das bunte Treiben einer sehr lebendigen Stadt.

Brigitte Macher

Münster war schön. Man konnte stundenlang am Lambertibrunnen stehen,
ohne dass es langweilig wurde. ...
Nachmittags fünfzehn Mal um die Promenade fahren, war nichts.
Dann wieder am neuen Lambertibrunnen rumstehen ...

Ulrich Schamoni

schwendner
Il Panino

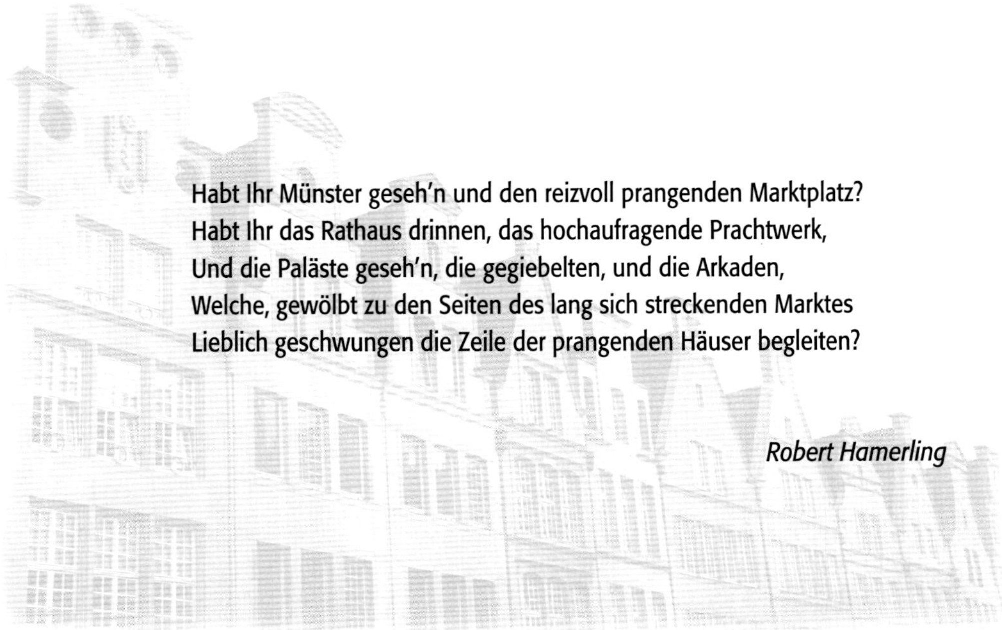

Habt Ihr Münster geseh'n und den reizvoll prangenden Marktplatz?
Habt Ihr das Rathaus drinnen, das hochaufragende Prachtwerk,
Und die Paläste geseh'n, die gegiebelten, und die Arkaden,
Welche, gewölbt zu den Seiten des lang sich streckenden Marktes
Lieblich geschwungen die Zeile der prangenden Häuser begleiten?

Robert Hamerling

MARIA
IOAS

.... Wer die Stadt kennt, sieht, wenn er auf ihren Namen stößt, etwas Festes vor sich: eine graue Steinarchitektur in grünem Laubwerk, in dem sich ein von bunten Prozessionen und tollem Mummenschanz unterbrochenes bürgerliches Leben abspielt, ein behäbiges Leben, wie es seit dem Anfange des neunzehnten Jahrhunderts sonst fast überall in Deutschland verschwunden ist; das sieht er und er hört die breite, gemütliche Sprache, riecht den Duft von Weihrauch und Backöl, und er empfindet den Geschmack des eigenartigen Gebräus, das man dort verzapft; auf diesem Hintergrunde tauchen dann einzelne Menschen und ganze Gruppen auf, die Wiedertäufer, Fürstbischof Bernhard von Galen, das bunte Leben bei dem Abschlusse des westfälischen Friedens, die Gräfin Gallitzin und ihr Kreis, die feinen Züge der Dichterin von Rüschhaus, die derben des Professors von der Tuckesburg. Man hat etwas Bestimmtes vor sich, denkt man an Münster ....

Hermann Löns

Lebewohl, sonderbares, lieb gewonnenes Münster, fromme, kräftige Stadt. Ich wünsche Dich vielen Besuchern. Denn dies ist eure Stadt, die ihr es liebt, in dämmerigen alten Kirchen zu beten und auf den stillen grünen Plätzen, die sie umgeben, Kindern und Vögeln nachzuschauen; eure Stadt, ihr einsamen Wallgänger, Liebhaber der Vergangenheit; eure Stadt, ihr Pfeifenraucher, die ihr vor dem Kiepenkerl-Denkmal behaglich und dankbar den Hut abnehmen mögt; eure Stadt, ihr Korntrinker, Pumpernickelverehrer und Schinkenverzehrer, herzhafte Hinnehmer jeder herzhaften Bodengabe.

Werner Bergengruen

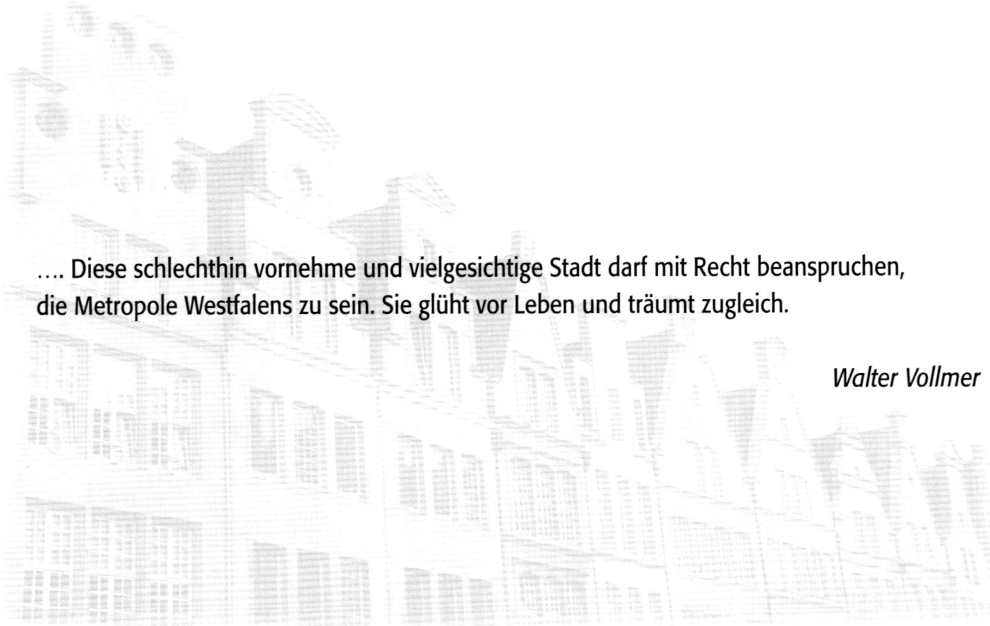

…. Diese schlechthin vornehme und vielgesichtige Stadt darf mit Recht beanspruchen, die Metropole Westfalens zu sein. Sie glüht vor Leben und träumt zugleich.

Walter Vollmer

FOTOS

Sie haben nicht alle Motive sofort erkannt? Oder fragen Sie sich bei welchem Licht die entsprechenden Fotos gemacht wurden? Hier einige Details:

Seite	***Motiv***
3	Prinzipalmarkt-Giebel und Fahrradchaos am Lambertikirchplatz
5	Seitenansicht des St.-Paulus-Doms
6/7	Prinzipalmarktansicht vom Lambertikirchplatz aus
9	Rathaus und Stadtweinhaus
11	Prinzipalmarktansicht vom Drubbel aus
13	Frontansicht des Lambertikirchturms
15	Prinzipalmarkt-Giebel
17	Prinzipalmarkt
19	Promenade in Höhe der Hörsterstraße
21	Turm der Überwasserkirche mit Teil der Diözesanbibliothek
23	Drubbel-Giebel
25	Rathaus im Abendlicht
27	Stadtbibliothek
29	Aasee im Sommer
31	Frontansicht des St. Paulus Doms im Abendlicht
33	Stadtfahne am Rathaus
35	Krameramtshaus
37	Erbdrostenhof am frühen Morgen
38/39	Schloss

TEXTE

Begeisterung und Schwärmerei, Lob und Komplimente für eine Stadt - die den Fotos beigefügten Texte geben auch das wieder, was Sie für Münster empfinden? Vielleicht haben Sie ja bei dem einen oder anderen Autor Lust auf mehr? Versehen mit einem kurzen biografischen Hinweis finden Sie hier die Zitierten samt der Werke, aus denen die wiedergegebenen Worte und Gedanken stammen, in alphabetischer Reihenfolge:

Alsmann, Götz (*1957) | Musiker, Entertainer, Moderator der WDR-Sendung „Zimmer frei" und verschiedener Musiksendungen im TV sowie der Neujahrskonzerte im Münsterschen Theater, die bereits Tradition haben, und – was die wenigsten wissen – promovierter Musikwissenschaftler, lebt in Münster | Text aus: Das Münster-Interview, in: Münster, MERIAN Heft 10/2006

Baumeister, Klaus (*1963) | Redakteur und Autor verschiedener Bücher über Münster, lebt und arbeitet seit 1989 in Münster | Münster für Anfänger, 3. Aufl., Aschendorff Verlag, Münster 2010

Bergengruen, Werner (1892-1964) | Schriftsteller, machte sich im Sommer 1933 auf die Fahrt „Mit dem Fahrrad durch Kultur und Geschichte" (so der Untertitel seines Werkes) quer durch Deutschland. Seine Reiseeindrücke veröffentlichte er 1934 nach seiner Rückkehr | Münster im Münsterlande, aus: Deutsche Reise, Verlag Herder, Freiburg i.Br. 1969

Bröker, Monika (*1954) | Reisejournalistin, mehrjährige Tätigkeit im Presseamt Münster sowie in der Leitung des hiesigen Verkehrsvereins | Stadt im Lindenkranz: Münster, in: Bieker/Bröker, Münsterland, Verlag Ellert und Richter, Hamburg 1989

Brückmann, O.H. (1827-unbekannt) | lernte Münster als Redaktionsleiter der Zeitung „Westfälischer Merkur" kennen und schätzen | Altes und Neues, in: Altes und Neues aus dem Münsterlande und seinen Grenzbezirken – Ein Beitrag zur Kunde Westfalens, Ferdinand Schöningh Verlag, Paderborn 1863

Busch, Wilhelm (1832-1908) | Dichter und Zeichner u.a. der bekannten Lausbubenstreiche „Max und Moritz" | Text aus einem Brief vom 8.10.1900 aus Mechtshausen an seine Tante Johanna Kessler, in: Sämtliche Briefe, Bd. 2, Verlag Beek, Hannover 1969

Chigi, Fabio (1599-1667) | Päpstlicher Gesandter, weilte von 1644 bis 1649 in Münster und hatte großen Einfluss auf die Verhandlungen zum Westfälischen Frieden. In dieser Zeit studierte er Land und Leute sowie Sitten und Gebräuche in und um Münster | Gedichte zu seinem Aufenthalt in Münster von 1644 bis 1649 mit einem Vorwort von Helmut Lahrkamp, 6. Aufl., Regensberg Verlag, Münster 1986

Domke, Helmut (1914-1986) | Schriftsteller, veröffentlichte Reiseberichte, Erzählungen und Lyrik | Die Hauptstadt unter dem Krummstab, in: Westfalen und Land an der Ruhr – Feuer, Erde, Rote Rose, 4. Aufl., Prestel Verlag, München 1978

Flechtheim, Alfred (1878-1937) | Kunsthändler und Sammler, verbrachte seine frühe Jugend in Münster, Begründer der Kunstzeitschrift „Der Querschnitt". Das Kunstmuseum Düsseldorf hatte ihm 1987 eine Ausstellung unter dem Titel „Alfred Flechtheim – Sammler, Kunsthändler, Verleger" gewidmet, die auch in Münster gezeigt wurde. Der über 300 Seiten starke Katalog zu der Ausstellung beinhaltet eine umfangreiche Dokumentation über seine Persönlichkeit und sein Leben, in der auch seine „Kindheitserinnerungen" aufgenommen sind.

Freiligrath, Ferdinand (1810-1876) | Lyriker, Verfasser kultur-historischer und zeitgenössischer Novellen, zählt zusammen mit Levin Schücking zu den bekanntesten westfälischen Dichterpersönlichkeiten |
Levin Schücking (1814-1883) | Lyriker und literarischer Vermittler für die Dichterin Annette von Droste-Hülshoff, gewandter Schilderer und Kenner der kulturellen Verhältnisse seiner Heimat, bearbeitete im Wesentlichen den von Freiligrath begonnenen Landschaftsband über Westfalen, an dem sich die Droste mit mehreren Beiträgen, allerdings ohne Namensnennung, beteiligt hat | Gang durch eine geschichtsträchtige Stadt, in: Freiligrath/Schücking, Das malerische und romantische Westphalen, 7. Aufl., Faksimile Nachdruck der 2. Aufl. von 1872, Verlag Ferdinand Schöningh, Paderborn 1977

Galen, Hans (*1933) | Museumsdirektor a.D., Begründer des Stadtmuseums Münster, von ihm stammt anlässlich der Konzeption des Museums der Satz: Der Gang durch die münstersche Geschichte soll ein optisches Fest werden. | Das Museumsgebäude – Architektur und Konzeption, in: Galen (Hrg. im Auftrag der Stadt Münster), Geschichte der Stadt Münster im Stadtmuseum Münster, Verlag Aschendorff, Münster 1989

Grün, Max von der (1926-2005) | Schriftsteller, auch gerne als „Arbeiterschriftsteller" bezeichnet, da er selbst in einer Zeche gearbeitet hat, verfasste zahlreiche Schilderungen seiner Welt im Ruhrgebiet und im südlichen Westfalen | Flug über Zechen und Wälder. Nordrhein-Westfalen – Land der Gegensätze, Georg Westermann Verlag, Braunschweig 1970

Haas-Tenckhoff, Bruno (1893-1978) | Bibliothekar an der Universitätsbibliothek Münster, Autor zahlreicher Beiträge zur Kulturgeschichte Münsters und des Münsterlandes | Münster und die Münsteraner, Verlag der Universitäts-Buchhandlung Franz Coppenrath, Münster 1924

Hamerling, Robert (1830-1889) | Gymnasiallehrer, Dichter und Schriftsteller. Zu seinem Hauptwerk zählt der 1869 verfasste Titel „Der König von Sion", in dem er sich mit den Wiedertäufern auseinandersetzte. Obwohl er nie in Münster war, enthält das Werk detaillierte Beschreibungen der Stadt. | Der König von Sion, Epische Dichtung in zehn Gesängen, 18. Aufl., Max Hesses Verlag, Leipzig (ohne Jahresangabe, um ca. 1910)

Heuss, Theodor (1884-1963) | Erster Bundespräsident Deutschlands von 1949-1959. Das zitierte Kompliment machte er nach Josef Bergenthal (Münster steckt voller Merkwürdigkeiten, 18. Aufl., Münster 1973) der Stadt im Herbst 1953 anlässlich der Enthüllung des Kiepenkerl-Standbildes auf dem Spiekerhof.

Huch, Ricarda (1864-1947) | Schriftstellerin, Historikerin und Philosophin, veröffentlichte insgesamt 70 Städteporträts. Ihre Beschreibung Münsters erschien 1927. | Im alten Reich: Lebensbilder deutscher Städte, Verlag Ullstein, Frankfurt/M., Berlin, Wien 1980

Jörgensen, Jens Johannes (1866-1956) | dänischer Dichter, Schriftsteller und Journalist unternahm Anfang des 20. Jahrhunderts eine Reise durch Deutschland, 1902 besuchte er Münster | Tage in Westfalen, in: Reisebilder aus Nord und Süd, Verlag der Alphonsus-Buchhandlung, Münster 1907

Kaiser, Roland (*1952) | Schlagersänger, gilt als einer der erfolgreichsten Interpreten deutscher Schlagermusik, lebt mit seiner Familie seit etlichen Jahren in Münster | Text aus: Tobias Großekemper, Roland Kaiser im Interview: „Hier kannst Du leben", in: Münstersche Zeitung v. 8.9.2008

Kehrer, Jürgen (*1956) | Krimi-Autor und vor allem als Erfinder des auch im ZDF ermittelnden Privatdetektivs Wilsberg bekannt, lebt seit Beginn seines Studiums 1974 in Münster. | Zitat aus: Annette Kessen, Gehend durch den Kopf gehen – unterwegs mit Jürgen Kehrer, in: Münstersche Zeitung v. 5.9.2007

Lehmann, Karl (*1936) | Bischof von Mainz, kam zusammen mit seinem Lehrer Karl Rahner, einem der einflussreichsten Theologen des 20. Jahrhunderts, der einem Ruf nach Münster folgte, in die Stadt und blieb hier vom Frühjahr 1967 bis zum Herbst 1968 | Auf meine Münsteraner kann ich mich verlassen, in: Jürgen Böckling (Hrg.), Denk ich an Münster …., Aschendorff Verlag, Münster 2000

Löns, Hermann (1866-1914) | Dichter, kam 1884 nach Münster, war Schüler am Paulinum und studierte auch in Münster. Mit dem Städtebild „Münstersche Luft" setzte er der Stadt, die er als seine Heimatstadt ansah, ein literarisches Denkmal. | Die Münstersche Luft, in: Mein niedersächsisches Skizzenbuch, Sponholtz Verlag, Hannover 1924

Macher, Brigitte (*1924) | freie Journalistin, u.a. bei der FAZ und der ZEIT, zog 1973 nach Münster und lernte die stadt schnell kennen und lieben | Wenn der Schnee den Dom besänftigt, in: FAZ v. 11.12.1980

Mann, Thomas (1875-1955) | Dichter, Autor der „Buddenbrooks", des ersten deutschsprachigen Gesellschaftsromans von Weltgeltung, kam 1911 zu einer Lesung bei der „Literarischen Gesellschaft" nach Münster | Das Zitat stammt aus einem Brief aus dem Januar 1911 an seinen Bruder Heinrich Mann, in: Hans Wysling (Hrg.), Thomas Mann – Heinrich Mann, Briefwechsel 1900-1949, S. Fischer Verlag, Frankfurt/M. 1968

Münsterlied | Während es im Volksliederarchiv (www.volksliederarchiv.de) heißt „Text unbekannt, nach 1899" wird in anderen Quellen (s. z.B. Folkerts, Münster und das Münsterland im Gedicht, 2. Aufl., Emsdetten 1983) Walter Stempell (1869-1938), Ordinarius für Zoologie und aktives Mitglied einer Münsteraner Burschenschaft als Verfasser angegeben. Auch wenn der Ursprung nicht ganz genau zu belegen ist, ist eines sicher: In den Burschenschaften in Münster handelt es sich um das meistgesungene Studentenlied.

Nebel, Gerhard (1903-1974) | Reiseschriftsteller, besuchte 1963 das Münsterland und die Stadt Münster. Seinen Eindruck von dem Besuch fasste er in einem Rundfunkbeitrag unter dem selben Titel, den auch der gedruckte Beitrag trägt, am 11.10.1964 zusammen | Liebe auf den ersten Blick – Ein Besuch in Münster, Aschendorff Verlag, Münster 1968

Reski, Petra (*1958) | Journalistin und Schriftstellerin, studierte u.a. in Münster Romanistik und Sozialwissenschaften, lebt seit 1991 in Venedig | Sentimental Journey – Als die Welt noch heil war, Eine Liebesgeschichte über bürgerliches Lebensgefühl und behagliche Landschaften, in: Münster, MERIAN Heft 10/2006

Schamoni, Ulrich (1939-1998) | Filmemacher, verbrachte einen Teil seiner Schulzeit in Münster und besuchte hier das Paulinum und das Ratsgymnasium. Münster diente für seinen 1967 entstandenen Film „Alle Jahre wieder", in dem er das Weihnachtsfest deutscher Spießer beschreibt, als Schauplatz. In Münster hat der Film Kultstatus und wird regelmäßig zur Weihnachtszeit im Kino (Schlosstheater) gezeigt | Die guten Farben kommen langsam durch, in: Münster und das Münsterland, MERIAN Heft 10/1974

Schwering, Julius (1863-1941) | Inhaber des Lehrstuhls für Germanistik in Münster mit großem Interesse für die Dichtung Westfalens, auch als „Schöpfer der westfälischen Literaturgeschichte" bezeichnet | Katholikentag 1885 in Münster, in: Lieder und Bilder, Verlag Schöningh, Paderborn 1887

Sieger, Dieter (*1938) | Architekt und Designer („sieger design") lebt und arbeitet in Münster. Neben vielen Werken schuf er u.a. auch den Domstein im Foyer der Bezirksregierung in Münster | Text aus: Markus Weckesser, Unterwegs mit Architekt und Designer Dieter Sieger, in: Münstersche Zeitung v. 3.10.2007

Spinnen, Burkhard (*1956) | Schriftsteller, Vorsitzender der Jury des Ingeborg Bachmann Preises, einer der wichtigsten literarischen Auszeichnungen im deutschsprachigen Raum, kam zum Studium nach Münster und lebt und arbeitet mittlerweile seit über 30 Jahren hier | In Münster heimisch werden, in: Münster, MERIAN Heft 10/2006

Stoffregen-Büller, Michael (*1939) | Journalist und langjähriger Leiter des WDR-Landesstudios in Münster, Mitinitiator und Ausstellungsbeauftragter des Westfälischen Pferdemuseums in Münster | Bastionen stolzen Bürgersinns, in: Münsterland, MERIAN Heft 9/1986

Sturm, Vilma (1912-1985) | Journalistin und Buchautorin, kam 1935 nach Münster und arbeitete hier zunächst als Verlagssekretärin beim Volksbühnen-Verlag | Untersuchung eines Vorurteils, in: FAZ v. 6.4.1968

Vollmer, Walter (1903-1965) | Schriftsteller mit zahlreichen Veröffentlichungen, vor allem auch Romanen, aus dem westfälischen Bereich | Metropolis Westphaliae, in: Westfälische Städtebilder, Verlag Bertelsmann, Gütersloh 1963

Gösta Clemens Peter

Jahrgang 1947
Begeisterter Münsteraner
Fotografiert seit 40 Jahren,
insbesondere Landschaften,
Architektur und Stillleben